VENTE LES LUNDI 18 & MARDI 19 FÉVRIER 1867

TABLEAUX

ANCIENS

GOUACHES ET MINIATURES

OBJETS D'ART & CURIOSITÉS

Faïences & Porcelaines,

MEUBLES ANCIENS

EXPOSITION PUBLIQUE

Le Dimanche 17 Février 1867, de 2 heures à 5 heures.

Mᵉ **PHILIPPE LECHAT**	**M. DHIOS**
COMMISSAIRE-PRISEUR	EXPERT
Rue de Provence, 73.	Rue Le Peletier, 33.

RENOU & MAULDE

IMPRIMEURS DE LA COMPAGNIE DES COMMISSAIRES-PRISEURS

Rue de Rivoli, 144.

CATALOGUE

DE

TABLEAUX ANCIENS

GOUACHES, DESSINS & AQUARELLES

OBJETS D'ART & CURIOSITÉS

Bronzes, Émaux, Bijoux, Éventails, Tabatières, Pendules, etc.;

FAÏENCES ET PORCELAINES

De Moustiers, de Rouen, Strasbourg, etc.; Porcelaines allemandes, vieux Saxe;

MEUBLES ANCIENS

DONT LA VENTE AUX ENCHÈRES PUBLIQUES AURA LIEU

HOTEL DROUOT

SALLE N° 9

Les Lundi 18 & Mardi 19 Février 1867, à deux heures.

Par le ministère de Mᵉ **PHILIPPE LECHAT**, Commissaire-Priseur, rue de Provence, 73,

Assisté de M. **DHIOS**, Expert, rue Le Peletier, 33,

Chez lesquels se distribue le présent Catalogue.

EXPOSITION PUBLIQUE

Le DIMANCHE 17 Février 1867, de deux heures à cinq heures.

PARIS — 1867

CONDITIONS DE LA VENTE

Elle sera faite au comptant.

Les Adjudicataires paieront CINQ CENTIMES par franc pour frais.

NOTA. Les Objets nous étant arrivés trop tard, ce Catalogue n'a pu être revu; les rectifications, s'il y a lieu, auront lieu au moment de la Vente.

DÉSIGNATION

TABLEAUX

DESHAYES

1 — Plafond.

STELLA

2 — La Vierge.

RIGAULT

3 — Portrait d'Homme.

ÉCOLE FRANÇAISE

4 — Le Baiser.

BOTH

5 — Paysage avec personnages.

6 — Portrait d'une Dame de qualité, grandeur naturelle.

ÉCOLE ITALIENNE

7. — La Vierge et l'Enfant Jésus.
Cadre sculpté.

VALIN

8 — Sujet bachique.

9 — Lafayette et sa Mère. (Bordure en bois sculpté.)

VIEN

10 — Décollation de saint Jean-Baptiste. (Bordure en bois sculpté.)

11 — Deux Portraits Louis XVI. (Bordure en bois sculpté.)

12 — Portrait de Diderot.

13 — Paysage dans le genre de Patel.

14 — Tête de jeune Fille, d'après Greuze. (Pastel.)

15 — La Première Perte. Charmante peinture attribuée à Greuze.

16 — Portrait de Dame. (École française.) Encadré.

17 — Promenade dans un parc, par L. Moreau.

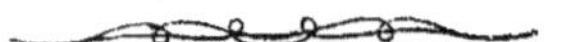

GOUACHES

18 — Vue de Rome, avec personnages. (Sur vélin encadré.)

19 — Portraits en pied de Philippe, roi d'Espagne, d'Alphonse, roi de Portugal et de Jacques Ier. (Sur vélin, encadré.)

20 — Allégorie sur le duel. (Sur vélin, encadré.)

21 — Sujet historique. (Gouache du XVIe siècle, encadrée.)

22 — Scène d'intérieur. (Charmante pièce Louis XVI encadrée.)

23 — Scène d'intérieur, par Lawrence. (Charmante gouache.)

24 — Fleurs et Fruits, signé Vidal.

25 — Naufrage, par Savignac.

26 — Paysage, par L. Moreau.

27 — Marine. (Signé Guardi.)

28 — Trois petites Gouaches encadrées.

29 — Une petite Gouache (Marine), un petit Dessin sur fond bleu et un petit fixé.

MINIATURES, DESSINS & AQUARELLES

30 — Portrait d'Ambroise Paré. (Miniature sur vélin encadrée.)

31 — Portrait de la Femme de Rubens. (Miniature sur cuivre encadrée.)

32 — Paysage. Signé Nicolle. (Aquarelle.)

33 — Portrait d'un Gentilhomme sous Henri II. (Sur cuivre.)

33 bis — Deux Portraits de Femmes Louis XVI. (Grisailles.)

34 — Sujet tiré de la nouvelle Héloïse. (Dessin au crayon noir attribué à Prud'hon.)

35 — Portrait de Dame sous Louis XV. (Miniature.)

36 — Portrait d'Homme (en cire, encadré).

37 — Deux Portraits. (Seront divisés.)

38 — Cinq Miniatures grisaille. (Seront divisées.)

39 — Deux Portraits (dont celui de Charles Ier. sur cuivre.)

40 — Portrait de la duchesse de Châteauroux. (Miniature sur vélin.)

41 — Portrait de jeune Fille costume Louis XIV. (Sur vélin.)

42 — Portrait d'Homme en armure. (Dessin.)

42 bis — Portrait de Femme sous Louis XVI. (Dessin.)

43 — Petite Miniature, genre Boucher.

44 — Femme couchée. (Petite Miniature encadrée.)

44 bis — Un petit Portrait de Racine. (Au crayon noir.)

45 — Portrait d'un Conventionnel. (Miniature.)

46 — Miniature dans sa boîte en galuchat.

47 — Douze Pièces : Miniatures, Fixés, Dessins et Émaux.

48 — Trois Portraits sur cuivre.

49 — Vue d'un Temple. (Sépia et encre de Chine, signé Challe.)

49 bis — Portraits d'Homme et de femme Louis XVI. (Miniature.)

OBJETS D'ART & DE CURIOSITÉ

50 — Huit Éventails. (Seront divisés.)

51 — Deux Armes (Yatagan arabe et Glaive maltais).

52 — Couteau de chasse, garni en argent.

53 — Un autre Couteau garni d'argent et une fourchette. (Anciens.)

54 — Un OEil-de-Bœuf en bronze Louis XV.

55 — Une Boîte du XVᵉ siècle en bois sculpté, (Le Jugement de Salomon.)

56 — Un Moutardier Louis XV. argenté.

57 — Une Boussole en argent dans son écrin.

58 — Deux Lorgnons en argent (gaîne en galuchat).

59 — Intaille antique sur lapis-lazuli.

60 — Deux autres. (Cornaline.)

61 — Un Étui en argent repoussé et ciselé.

62 — Un Étui en argent doré, gravé et ciselé, avec lorgnette.

63 — Un Couteau à lame d'argent, manche de nacre.

64 — Châtelaine Louis XVI, en bronze doré. (Charmante de modèle et de ciselure.)

65 — Deux Épingles en or, avec perles fines.

66 — Cristal de roche (magnifiquement taillé, monture en or).

67 — Belle Bague intaille sur grenat assyrien, montée en or.

67 bis — Une Bague d'Echevin de Paris, or et argent émaillé, aux armes de la ville.

67 ter — Une Bague en argent.

68 — Charmant Collier en acier, avec bague.

69 — Deux petites Croix décoration et fragments de bijoux.

70 — Trois Pierres antiques. (Gravées.)

71 — Un Jean Devigne, en ébène (robe de soie en fin argent).

72 — Une Paire de petits Pistolets gravés. (Crosse d'ivoire, avec moule à balles.)

72 bis — Un Obusier, petit modèle en cuivre, monté sur affût.

73 — Une Paire de Flambeaux en bronze.

74 — Une Paire de Chenets en cuivre.

75 — Une autre en bronze doré.

76 — Une Croix en cristal de roche, montée en argent.

77 — Deux petites Plaques, écaille, incrustation or et argent.

78 — Un Lot de vingt-quatre pierres fines, dont quatre petits rubis, avec émeraude, quatorze opales, etc., etc.

79 — Une Étagère en laque et une Paire de Babouches.

80 — Deux petits Mandarins en pierre de Lard.

81 — Un Lot de 21 pièces, bronzes, chaînes, médailles, etc.

82 — Ornements en cuivre pour commode.

83 — Glace ancienne Louis XVI.

84 — Deux Cadres en bois sculpté.

85 — Deux autres en bois doré.

86 — Un très-beau Cadre en bois doré et sculpté, avec couronnement à sujets : Junon, Minerve, Vénus.

87 — Deux Cadres en cuivre Louis XIII et Louis XV.

88 — Six Boutons en émail de Limoges.

89 — Portrait sur ivoire de la duchesse de Lorges et de sa fille.

90 — Tabatière écaille, sujet mythologique. (Grisaille.)

91 — Une autre en or. (Belle Miniature.)

92 — Une autre, écaille et ivoire, ornée de deux portraits Louis XVI. (Miniature garnie d'or à l'intérieur.)

93 — Autre : Jeune Femme et jeune Homme dans un parc. (Miniature.)

94 — Une autre, Femmes dans un marché. (Fixé.)

95 — Deux autres en écaille. (Fixé.)

96 — Autre, avec paysage au crayon noir, par Desfriches.

97 — Une autre : Chien en arrêt. Petit dessin à l'encre de Chine.

98 — Tabatière en composition. (Miniature grisaille.)

99 — Tabatière en purpurine.

100 — Six autres en écaille, dont une à double fond.

101 — Une autre en ivoire, avec grisaille.

102 — Une Bonbonnière en agate, garnie de cuivre.

103 — Une autre,   id.

104 — Une Pendule Louis XVI en marbre et bronze doré.

105 — Un Éventail. Jolie monture avec gouache Louis XVI.

106 — Bronze sur socle.

107 — Autre bronze : Mercure.

108 — Un Couvre-feu ; armoirie. Cuivre repoussé.

109 — Triptyque.

110 — Une Lampe en bronze, modèle antique.

111 — Un Lustre Louis XV, plaques de Bohème. (9 lumières.)

112 — Deux Candélabres dorés, à fleurs de lis (5 lumières).

113 — Une Cave en laque rouge, garniture argent et Bohème.

114 — Un Lustre hollandais, en cuivre (12 lumières).

115 — Un Marteau de porte en fer forgé.

116 — Une paire de Chenets Louis XIII en cuivre gravé.

117 — Une autre avec mascarons Louis XIII.

118 — Une autre : Femmes couchées, Louis XIII.

119 — Deux Amours : bronze antique sur marbre vert.

120 — Une paire de Flambeaux Louis XVI, argentés, à deux branches.

121 — Une paire de Chenets Louis XIII.

122 — Une paire d'Appliques Louis XVI en bronze, à deux branches.

123 — Une autre, dorée au mercure.

123 *bis* — Une paire de Chenets en cuivre.

124 — Un lot de ferrures. (Sera divisé.)

125 — Une paire d'Appliques Louis XV, à trois lumières.

126 — Une grande Vasque Louis XIII, cuivre repoussé.

127 — Deux jolis bronzes florentins : Cavaliers.

128 — Un Bois de cerf dix cors. Très-belle pièce.

129 — Une paire d'Appliques en bois doré, à trois branches.

129 *bis* — Un petit Bois de cerf.

130 — Un Yatagan arabe, avec garniture en argent, et un Casse-tête indien.

131 — Quantité de Verres de Bohême et de Venise, Compotiers, etc. (Seront divisés.)

132 — Une Fontaine avec sa cuvette, Japon bleu.

133 — Deux Pots à anses torses, faïence de Nevers, gros bleu de Perse.

134 — Trois Boîtes, dont une Tabatière écaille blonde avec miniature.

135 — Quantité de Plats en faïence italienne de Moustiers et autres.

136 — Un grand Plateau bleu, faïence de Rouen.

137 — Deux jolies Bouteilles, faïence de Rouen, fond bleu.

138 — Une Fontaine d'encoignure, faïence, armoiries.

139 — Deux Vases Louis XIV, brûle-parfums.

140 — Un grand Plat, armoirie à décors bleus, faïence de Rouen.

141 — Une grande Tapisserie à personnages.

142 — Deux Plats, faïence de Rouen, à la corne.

143 — Deux autres Plats, en faïence Sinceny, à fleurs.

144 — Quatre Paires de Cache-pots, décors de Rouen.

145 — Deux autres, décors de Strasbourg.

146 — Une grande Jardinière en porcelaine à la Reine.

147 — Dix-huit pièces en vieux Saxe et porcelaine allemande; très-jolies. (Seront divisées.)

148 — Une Fontaine en faïence de Moustiers.

149 — Plateau en faïence de Moustiers.

150 — Un grand Plat, faïence de Marseille, figurant un papillon.

151 — Six Assiettes plates armoriées. (Porcelaine de l'Inde.)

152 — Une Assiette. (Porcelaine de l'Inde.)

153 — Deux Plats en cuivre repoussé.

154 — Un Thé composé de 6 pièces en porcelaine tendre de la Chine. (Décoré or.)

155 — Six Assiettes, faïence de Delft, polychrôme.

156 — Groupe en vieux Saxe.

157 — Une charmante petite Coupe en faïence, avec décors.

157 bis — Potiche en vieux Chine.

158 — Sept petites Tasses et leurs Soucoupes, et Théière en vieux Chine. (Pourront être divisées.)

158 bis — Un Sucrier en porcelaine de la Chine.

159 — Petit Émail religieux.

160 — Deux petits Portraits sur toile et deux Plaques ardoises avec sujets.

MEUBLES

161 — Console acajou, avec cuivre et marbre turquin.

162 — Bonheur-du-Jour Louis XVI, acajou.

163 — Commode Louis XVI, laque, marbre brèche.

164 — Canapé Louis XV, Jolie tapisserie.

165 — Lit Louis XVI, en bois sculpté, peint en gris.

166 — Un petit Berceau en chêne sculpté.

167 — Quatre Chaises en bois sculpté, garnies de cuir de Cordoue.

168 — Deux Chaises Louis XIII, à jour, dossier en bois sculpté et marqueté.

169 — Très-Joli Métier à broder en bois de rose Louis XVI.

170 — Une Commode en marqueterie de cuivre.

171 — Une autre acajou et marbre blanc.

LIVRES

172 — Encyclopédie moderne; complet. 26 vol.

173 — Œuvres complètes de Walter-Scot; édition avec belles gravures dans le texte. 32 vol.

174 — Œuvres complètes de La Fontaine. 6 beaux vol. avec très-fines gravures dans le texte.

175 — Sermons. 3 vol.

176 — Charron. De la Sagesse. 3 vol.

177 — De Gerando. Du Perfectionnement moral. 3 vol.

178 — Les Nuits d'Young. 2 vol.

179 — Histoire de la Barbarie. (Roulotte.)

180 — Mémorial de Saint-Hélène, par le comte de Las-Cases.

181 — Œuvres de Shaakspeare. 2 vol.; gravures dans le texte.

182 — Objets omis.

Rénou et Maulde, imprimeurs de la Compagnie des Commissaires-Priseurs,
rue de Rivoli, 144.   958